アムリタ アムリタ アムリタ

ヒロコ（文と写真）　カノン（絵と写真）

たま出版

虹はささやき　水晶は笑う

この世界は、素敵なやさしい魔法に満ちています。

その魔法は無色透明で、形を持たないので、普段は見過ごされ、表層意識ではほとんど感知されません。

それでも、そのひそやかな魔法はどんなときでも、いつでも、どこでも、ちゃんと働いていて、万物のなかにあるイノセントな心の光を護り、繋げて輪になるように、きちんと導いているのだと思うのです。


その働きは穏やかで、さりげなく、目立つところがないので、人はせっかく自分のまわりにちりばめられた、キラキラした宝石のような魔法の暗号に気づかないで、通り過ぎてしまったりします。

それでも、個々の意識の奥深いところでは、清らかなる河がたゆまず流れていて、いつか宇宙の海に流れ込んで、ひとつになる喜びを味わえるように、ちゃんとあなたを運んでくれているのです。

その、やさしい魔法に包まれている幸せに気づいていられますように。

私は、そんな無色透明な、見過ごされがちな魔法に、おいしそうなアイシングをかけてちょっと気を引くことで、誰かに味わってもらえたら幸せだなと思いながら、この本をつくりました。

気持ちを素直にして、ゆったりとした時間のなかで穏かなときを過ごし、内側の音に耳を澄ませていると、いつか必ず、やわらかでやさしい、イノセントな心と心が結びあわさり、清らかなる縁が紡ぎだす素敵な織物が浮かびあがり、現実にあらわれてくるのだと思うのです。

それは、この世界に架かる希望の虹。形のないところから、形のあるものが生み出されてくる、清らかでやさしい神聖なる魔法。

そんな魔法にいつでも触れていられたら、きっと、とても豊かな気持ちで、今という贈り物――極上のアムリタを飲み続けることができるのだと思っています。

Don't Worry　Be Happy !!!

Magic of Originality

「オリジナリティの魔法」


神様は、あなたがあなただから、愛しているのです。

あなたの存在というオリジナリティが、とても貴重で、神聖な宇宙の宝石だから。


あなたというスピリットのオリジナリティを頭で追求することには無理があります。

本物のオリジナリティは、ハートの深いところでしか感じられないからです。

ハートの奥に入り、あなたがあなたであることのすばらしさをまずは充分に味わって、認めるところからすべてははじまります。

陳腐なマインドの物差しなどで測らないでください。

他の人のすばらしさと比べないでください。


あなたがこれまでに引き受け選択してきたさまざまな体験はすべて、あなたのなかの宝石を磨き輝かせるために、魂が選んできたことなのです。

その過去を恥ずかしく思ったり、今の状況に引け目を感じたりするのを今すぐやめてください。

そんなことは、魂から見ればまったく役に立たない、くだらないことだから。


あなたはあなたであるからすばらしいのです。

どんなに自分の本質と離れてしまっているように思える体験や状況でも、今ここで、あなたのオリジナリティのバイブレーションを浸透させていくことで、魔法のように生まれ変わるのです。


自分に忍耐強くあってください。

現代に生きる人間のマインドはとても頑固になっており、あなたがこの真実を受け入れるのにはかなりの抵抗を示すため、多少の時間がかかるでしょう。

それでも、あなたが、自分が自分であることのすばらしさをハートの深いところで感じ続ければ、オリジナリティの魔法によってすべてはいずれ、新しく生まれ変わるのです。

Inner Peace

「花園にて　安らぐ天使」

安らぐことを　自分がどれほど深く欲しているかに気づいていますか
あの懐かしい　喜びに満ちた安心感
あなたが幸せになるための第一歩は　あなたがまず安らぐことです

「もっともっと安心してください」

あなたのスピリットは、完全なる至福と自由へのフリー切符を手にしています。あなたがどんな風であろうと、何をしようと、必ず最後にはそこへ行き着くように決まっているのです。

だから、このままでいいんだろうかとか、何とかしなくちゃ、と思い悩むことにあなたの大切なエネルギーを費やすことはもうやめましょう。

そんなことばかりしていると、あなたの心も精神も肉体もくたびれてしまいます。頭のなかが同じところをぐるぐる回り、心が波立ってざわざわしてくると、内なる叡智の声が聞こえません。

もっともっと安心してください。

あなたが過去に味わったつらいことは、あなたがそう望まないのなら、もう二度と起こりません。なぜなら、体験することが目的だったそのつらい気持ちを、あなたはもう味わったのだから。

人はつらいことがあると、また同じ気持ちを味わうのではという恐れを抱きます。そしてその恐れが、また同じような体験を引き寄せてしまうのです。


あなたの魂は知っています。

あなたに必要なのは、恐れではなく安心なのだと。

自分を外界の敵から守ろうとする限り、あなたは安心することができません。

外界に敵などいないのだと知ることによって、はじめて本当の安らぎが生まれるのです。

あなたの心が安らいでいるとき、あなたにやってきている宇宙の流れが見えます。

あなたはその波に乗っているので、何をしていても、していなくても、そのままで完璧なのです。


小さきことへの愛、自然や宇宙への感謝、起こりくることへの信頼、こういったことすべてが、あなたの波に乗る姿勢にあらわれてきます。

常に流れている宇宙の波にうまく乗るには、あなたの心にブレがないことが一番大切なのです。あなたの魂を信頼し、まずは安心してください。

そして、いつもあなたを取り囲んでいる完璧なるサポートの力と握手してください。その力は常にあなたと共にあり、あなたに最善となることを与えてくれています。

小さくて狭い檻のなかにいるエゴに勝手に判断させるのはもうやめて、ただここに共にあれる喜びに身を浸しましょう。

そして、コスミックフローに乗って自分の姿勢を正し、落ちついてあたりを見渡したときに見えてくるきらめく光景を楽しんでください。

あなたの心が完全に安らいでいるとき、瞬間瞬間に自分がどうすればいいのか、完全にわかるはずです。

だから何の心配もいらないのです。
もっともっと安心してください。

Comfort & Kindness

「宇宙のゆりかご」

宇宙には　やさしくあなたをゆらして眠らせてくれる
ゆりかごがある

あなたが疲れたとき　ゆっくり休めるように
宇宙はいつでも　ゆりかごを空けて待っていてくれる

気持ちよく眠れたら　気持ちよく目覚められる

心や体や精神がなんだか疲れてしまったら
宇宙のゆりかごに乗ってごらん

生まれる前に知っていた　とてもやさしいリズムがある
すべてが美しく感じられた記憶が　全身に蘇ってくるまで

そこでゆっくり揺らされてごらん

思い煩うことなく　ただそのゆりかごに乗って
安らいでごらん
天の心が　戻ってくるまで

「自分にやさしく」


本当に強くやさしい人になりたかったら、みんな自分にやさしくしよう。

自分のなかに溜め込まれた痛みや悲しみや怒りを、ちゃんと感じてあげよう。


嫌だと言いたいのにずっと言えなかったり、長いあいだ無理をして我慢してきた気持ちにも、ちゃんと「痛かったね。嫌だったね。ごめんね」と言おう。

痛みは理屈じゃ癒されない。

状況が仕方なかろうが、どんな理由があろうが、痛いものは痛いのだ。


「痛いまま放っておいてごめんね。

やさしくしないでごめんね。

我慢させてごめんね」


自分の心の痛みを無視して世界と接し続けると、それはどこかで、自分にまたはね返ってくる。

頭が自分の傷を通して世界を見ると、あなたのなかにあるせっかくの純粋なやさしさが、恐れによって曇ってしまい、ありのままの相手の心を感じられずにちゃんと伝わらないで、相手の怒りをかったりする。

痛みが痛みに反応して、愛がすれ違い、痛いことになって、自分に返ってきてしまう。

あなたの本当のやさしさは、自分と相手のなかにある痛みを、心でじかにわかちあうことで、その透明な関係性に宇宙の純粋な愛が働いて、やがて愛をわかちあう喜びへと自然に変わっていくのを待つためにある。

だから、まず自分にやさしくしよう。
そうして、世界を心で感じながら、本物のやさしさでつながっていこう。

「私のなかに息を吹き込む」


不安や恐れが襲ってきたら、そこにやさしく息を吹き込もう。

それは、ようこそって言葉とあたたかなまなざし。

ようこそ、よく来たね、待っていたよ、って笑顔で言ってあげよう。


いのちは、まずこう言われて息を吹き込まれる。

生まれてきておめでとう。あなたがここにいてくれて本当にうれしい。

あなたはとてもありがたい存在です。


全身全霊で喜んで迎え入れられて、やさしいまなざしのなかで安心してくつろぐことができる。

ああ、はるばるここにやって来てよかったと、うれしくなる。

だけど、きっと、そうじゃなかったときの記憶も持っている。

邪険に扱われたり、嫌な顔をされたり。その記憶のなかの気持ちが、不安や恐れを再生し、それを目の前に映し出してくる。

そうすると、そのときの気持ちにのまれて、今の息ができなくなるんだ。

とたんに頭が危機感を察知し、何とかしなくちゃ、目の前にあることを変えなくっちゃと、勘違いをはじめる。

だけど、きっと足りないのは、ようこそってまなざしから生まれる安心感と落ち着きなんだ。


だから自分に言ってあげよう。

ようこそここへ、ありがとう、待っていたよ。


あなたのなかに息が吹き込まれて、細胞の記憶が癒され、喜びや幸せをこの世界に映し出せるよう、あなたのなかに神の息を吹き込もう。

「愛であなたを潤しながら　世界と関わろう」

もっとやさしく、気持ちよくなってもいいんだよ。
愛がないとすべての生き物は干からびてしまうから。
愛はあなたの生きる源なんだもの。愛であなたを潤そうよ。

あなたがあなたにやさしい気持ちをもって、ゆっくり世界を眺めてごらんよ。
かわいい子供を膝に抱いているあたたかな気持ちで、自分のことを抱っこしながら、この世界を見せてあげてごらんよ。

きっと自分が、世界にやさしい気持ちを持っていることを思い出すよ。

そして、世界からやさしく扱われたことも、愛が書かれた不思議なラブレターをたくさんもらったことも思い出すよ。
世界と関わるにはコツがあるんだ。

心で感じることだよ。

きっとそのせいで痛かったこともあると思う。
でも、ちゃんと心で感じ続けていたら、自分のなかの愛から離れることはないんだ。
あなたが愛から離れなければ、ちゃんと世界に愛が見えるんだよ。

まずは自分を愛で潤そう。
心が大好きって言ってるものに触れよう。

あなたの心が、ああここには確かに愛があるって感じる瞬間を、たくさん自分に体験させてあげるんだ。
もっとやさしく、気持ちよくここにいてもいいんだよ。

「戯れる」


戯れることから生まれる心の軽さを、動物たちから学ぶべきです。

頭を使いすぎることで心が圧迫され、気持ちが暗くなってしまうとき、彼らから、戯れることの大切さを教わってください。

彼らが全身から発している、弾んだ陽気な光と戯れてみるのです。

すると、いつの間にか、心にかかっていた暗雲が吹き飛んでいて、心が軽くなって、頭まで冴えてきていることに気づくでしょう。

Playfulness

「まどろみのなかで」

まどろんでいるとき、あなたの本当に深いところで、あなたはあなたでいることの心地よさを体感しています。その瞬間はあなたにとって、とても大切なものに触れられる貴重な時間なのです。

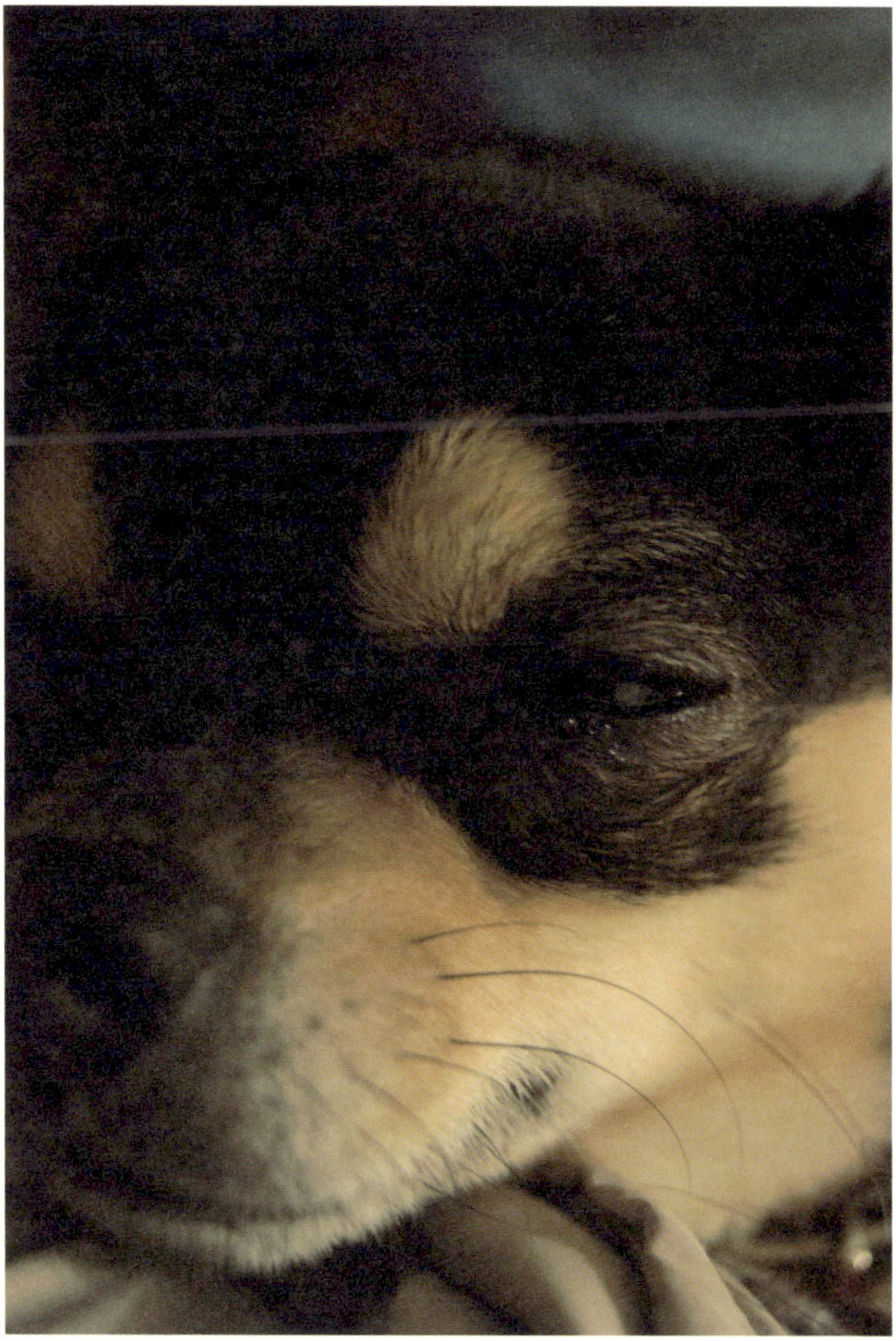

「遠くを見上げる」

ふと遠くを見上げることは、あなたが思っているよりずっと多くの恩恵をあなたにもたらします。あなたが見上げるその先には、これからあなたが進んでいく道を照らしてくれる運命の星が輝いており、あなたと目があうことによって、その瞬きがあなたの瞳の奥深いところに届けられているのです。それが、あなたの心の道しるべとなり、未知なる世界を旅しようとするあなたに、大いなるものとの繋がりを思い出させ、安らいだ心で前に踏み出す勇気を与えてくれるのです。

Courage

「怖くても　やってみる」

それが、ほんとにやりたいことなら、
怖くてもやってみる。

あなたのハートの奥からあふれ出る気持ちがまわりに起こしていく余波は、
澄んだ心の目で見たら、きっと、とても美しいものだから。

そのことを信じてみよう。

この世界に美しいバイブレーションを奏でるには、
あなたのハートの奥からの音色が本物である必要がある。

それは、あなたのなかに必ず存在している、真実のフィーリング。
たとえ誰が理解せずとも、何の保障がなくとも、やりたいなら、やりなさい。

まわりに影響を起こすことを恐れないで。

でも、それは何かに影響を起こすためにやるのではない。
あなたの内側が真実だと告げることを行動に起こすことで、
生まれてくる喜びを、いまここで味わうためにやるのだ。

「ライオンハートへの入り口」

ライオンハート
宇宙の勇者　知恵の護り手

でもね　ライオンハートは　怖がりのチキンハートから生まれるんだ
怖くて　びくびく　どうなるか不安でたまらない
そんな自分のなかの小さい子供を認めて　愛で包んであげることで
とんでもない勇気が湧いてくるんだ
未知なる世界へ　笑って飛び込んでいく勢いが生まれる
最も弱い心から　最も強い心が生まれる

まったく知らない世界を目の前にして　なんだかわからないけど
おかしくなって笑っちゃうような　ワクワク感
足はまだ震えてたりするのに　心がワクワクして

おなかが笑いたくなってくる

なぜって　私たちの魂は　ほんとはとっても賢いから

何も知らない無力な存在だと言われて　そのままそう信じ込んでいるだけで
本当はそうじゃない

ユーモラスで達観した宇宙の笑いをおなかに持っているから
今この瞬間の爆発的なパワーを内側に秘めているから
静かな心で笑って　自分の弱さを　あたたかく抱きしめる。

ライオンハートは勇敢でかっこよく　チキンハートは繊細でかわいい
かわいくてかっこいいって　とっても素敵でしょ

だから　自信を持っていいんだよ

Universal Mind

「空と話し　雲と戯れ　風の匂いをかいでみよう」

人間には、もともと、大自然と呼応する能力が備わっている。

人は、大昔から空に問いかけ、風を読み、星の動きに導かれながら、この世界で光が形になり、目の前にあらわれてくるのを受けとめていた。

子供のときは、きっと普通にできたこと。
自分を自然の一部だと感じ、呼びかけたら必ず応えてくれることをあたりまえに知っていたし、呼びかけられたら応えていた。

雲を眺め、風を感じ、森の匂いを嗅いで、小さな生き物たちと心を通わし、虹を見つけ、星と話をしていた。

大人になると、頭で考えることに忙しく、表面的な感情の波に気をとられ、自分のなかに備わっている、自然と呼応する能力を使わなくなる。
でもそれは、とてもとても大切な、天から与えられたギフトなんだよ。

あなたのいのちがここで輝き、繋がって広がりゆくためには、
思い出して取り戻さなければいけない、とても貴重なギフトなんだ。

一日のうち十分でもいいから、外に出て空を見上げ、
ゆっくり深呼吸してみよう。

大地を感じ、空に問いかけてみよう。

地球や宇宙は、いつでも、あなたが話しかけてきてくれるのを
待っているんだよ。

「深い深い宇宙のまなざし」

チベット密教の考え方に、こういうのがあります。

「私と両親の関係は大丈夫ではない。
私と異性との関係は大丈夫ではない。
私と肉体との関係も大丈夫ではない。
私と社会との関係も大丈夫ではない。
でも全体としては大丈夫だ。だから、私は癒すことができる」

私は、この考え方がとても好きなの。すべてを全体として捉えたとき、すべては大丈夫になる。

関係を癒すのは、深い深い宇宙の愛のまなざし。
たとえば、どうしてもうまくいかない関係に、深い深い宇宙の愛のまなざしがあったらどう変わるかを感じてみる。

その関係に執着せず、固執せずに、そこに深い深い宇宙の愛を置いてみる。

すると、その関係に対する自分のフィーリングが変わってくる。

変容が起こる。頭でこうだと決めつけていた、自分と相手（あるいは事柄）との、どうにもならない関係が、絡まった糸が解けるようにするする解けてくる。

あなたは、奇跡を起こせる神様の子供で、いろんなものとの関係を癒せる魔法の力を持っている。あなたと両親、あなたと異性、あなたと社会、あなたとインナーチャイルド、あなたとマインド、あなたと体。

いろんなものとの関係性を神様の瞳で見ることで、少しずつ癒すことができる。

そこに、深い深い宇宙の愛のまなざしを置いてみて。ハートでそのまま感じてみて。

あなたのユニバーサルマインドに頼んでください。

「どうか、深い深い宇宙のまなざしで相手を見られますように」

あなたのまなざし次第で、傷ついた関係が少しずつ変容していくように、この世界はできていきます。

一瞬一瞬の、魂の目覚めた意識が、あなたを自由にしていきます。

「スピリットとしてのまなざし」

すべてはあなたのためにあり、あなたはすべてのためにある。

障壁となる出来事や人は、あなたに、それを乗り越える勇気を奮い立たせてくれる。許しがたい出来事は、あなたに、許すということの本質を学ばせてくれる。

たくさんの出来事や人々が、あなたが、自分のなかの本物の愛と知恵を取り戻し、内側から輝きを放って、その輝きで世界と繋がっていけるように、あなたのために存在してくれている。

あなたの人生の主人公はあなたで、すべてはあなたのためにセッティングされているのだ。地上というこの舞台で、いろんなスピリットがいろんな役をやりながら、お互いの道をサポートしている。

郵便はがき

恐縮ですが
切手を貼っ
てお出しく
ださい

160-0004

東京都新宿区
四谷4−28−20
(株) たま出版
ご愛読者カード係行

書名			
お買上書店名	都道府県　市区郡　書店		
ふりがな お名前		大正 昭和 平成　年生　歳	
ふりがな ご住所	□□□-□□□□	性別 男・女	
お電話番号	(ブックサービスの際、必要)	Eメール	

お買い求めの動機
1. 書店店頭で見て　2. 小社の目録を見て　3. 人にすすめられて
4. 新聞広告、雑誌記事、書評を見て(新聞、雑誌名　)

上の質問に1.と答えられた方の直接的な動機
1. タイトルにひかれた　2. 著者　3. 目次　4. カバーデザイン　5. 帯　6. その他

ご講読新聞　新聞	ご講読雑誌

たま出版の本をお買い求めいただきありがとうございます。
この愛読者カードは今後の小社出版の企画およびイベント等の資料として役立たせていただきます。

本書についてのご意見、ご感想をお聞かせ下さい。
① 内容について

② カバー、タイトル、編集について

今後、出版する上でとりあげてほしいテーマを挙げて下さい。

最近読んでおもしろかった本をお聞かせ下さい。

小社の目録や新刊情報はhttp://www.tamabook.comに出ていますが、コンピュータを使っていないので目録を　希望する　いらない

お客様の研究成果やお考えを出版してみたいというお気持ちはありますか。
ある　ない　内容・テーマ（　）

「ある」場合、小社の担当者から出版のご案内が必要ですか。
希望する　希望しない

ご協力ありがとうございました。

〈ブックサービスのご案内〉
小社書籍の直接販売を料金着払いの宅急便サービスにて承っております。ご購入希望がございましたら下の欄に書名と冊数をお書きの上ご返送下さい。

ご注文書名	冊数	ご注文書名	冊数
	冊		冊
	冊		冊

スピリットに敵も味方もない。

みんな、あなたのサポート役だ。


サポートの仕方はいろいろで、相手に忍耐を学ばせるために意地悪になったり、心の平安をかき乱し、惑わしたりもする。

でも、きっとそれは、あなたのなかにある自分だけでは気づけない弱さを教えてくれたり、癒されていない傷を見せてくれたりする、貴重でありがたい体験なのだ。


あなたもみんなをサポートしている。

生きているだけで、とてもとても世界の役にたっているのだ。


スピリットとしてのまなざしを取り戻し、あなたを、そしてあなたを取り巻く世界を眺めてみよう。

あなたのなかに、そして世界のなかに、脈々と息づく確かな愛が感じられるだろう。

「幸せな場所のつくり方」


あるハワイの長老は言っている。

「幸せな人はすぐわかる。

まわりの人々、家の中や周囲の植物を見るだけでいい。

幸せな人は幸せな場所をつくり出している」


私もここからはじめたい。

この地上を幸せな場所にしたかったら、自分からはじめればいいのだから。

自分をやさしく丁寧に扱い、あるがままを愛《め》で、心地のよい呼吸ができるよう気を配る。

そうすることで、幸せになった自分は自然と、まわりにあるものたちのささやかなる幸せを願い、愛のまなざしを注ぎ、ケアする。

すると、まわりにあるものたちも生き生きと、幸せな呼吸をして輝き、幸せな場所がつくられていく。

あなたも幸せになってねと、小さきものたちに愛のまなざしを注ぐことで、自分を取り囲む場からきらきらがあふれ出していくのだ。

植物や鉱物や、かわいい小物やカード、本や布、写真や絵。どんなものだって生きている。

愛のまなざしを注ぎ、気持ちを汲みとり、幸せな呼吸をさせてあげれば、生き生きと存在し、幸せな場をつくるのに喜んで協力してくれる。

幸せは、躍起になって追い求めるものなどではなく、安らかなるいとしい繋がりのなかで、楽しく広がっていくものだから。

Love for Little Things

「こんにちは　お元気ですか　いつもありがとう」

せわしく働く大人脳が休止状態になると、すべてが友達に見えてきます。

お皿や、お水や、きゅうりや、コップ、電信柱や、カーブミラーや、バス停の標識、大きな桜の木、摘まれたお花、てんとう虫、絵本、冷蔵庫や、時計や、洗濯機まで。

全部にさんをつけて呼んでしまいます。

こんにちは、お元気ですか、いつもありがとう。

ああ、ちっちゃな子供のときはこんな感じだったなあ。

自分のまわりに友達がいっぱいいて、ちゃんと物の内側を感じて生きてたんだなあ。

本質の光と無意識に繋がって、お互いのこと気にかけあって生きてたんだ。

きっとそのほうが楽しいなあ。

まわりの世界は、話しかけたらちゃんと返してくれるし、心が通じていると、いざというとき、ぜったい力を貸してくれる。

大人になると、形や名前に囚われすぎて、内側の愛と光が見えなくなっちゃうんだね。

もう少し頭を緩めて、自由な心の瞳で物を見てみようよ。

きっと、内側が楽しくなって、喜ぶはずだよ。

「愛のエレクトリックスイッチ」

一つひとつの行為に心を込めて　愛を世界に送り出そう

小さな小さなことから　大きなことまで
あなたが　愛を込めてにっこりすると　まわりにきらきら魔法がかかる

ハロー　アロハ　ナマステ　アイラブユー　グッドラック
ありがとう　ごめんね　今を楽しんでね

あなたの存在のすべてで　あなたのなかにある愛を表現してみよう
あなたの言葉や身体や雰囲気が　あなたのなかにあるエッセンスを
ちゃんと伝えられるよう　意識を愛に集中するの

奇跡を生み出す力は　あなたのなかにある

不平ではなく　愛のスイッチを選択することで
あなたのなかから奇跡の力が生まれてくる

そこに宇宙の電気が流れ込み　あなたは光り輝く

みんな　この世界に光をともすために生まれてきたんだもの

愛のエレクトリックスイッチはあなたのなかにある

「ラッキーでハッピーな日」

これはカノンが九歳のとき　はじめて書いた詩。

ハッピーな日にはこう茶をどうぞ
ラッキーな日には音楽を聞きながら
海へ行きましょう
毎日がハッピーでラッキーだ

そして　またまたハッピーな日は散歩へ行きましょう
すると　かえるさんも「ハッピー！」といっています
ラッキーな日は音楽をかけておどりまくりましょう
あたまのなかでごちゃごちゃしたものが

ふっとんですごく楽しくなります

毎日がハッピーでラッキーです

なんだかもやもやするので、カノンとシャンティーと一緒に、お家でボブマーリーをかけて踊りまくった日があったの。

すっきりした次の日、河原に散歩に行ったら、雨でできた大きな水溜りがあり、そこに、ちょこんと手を上げたアマガエルが座っていたの。

カノンが「こんにちは」って言ったら、ぷくぷくぷくって泡を出して返事をしてくれて、カノンは大喜び。


世界は美しい。

カノンはかんしゃく持ちの怖がりで大変なところもあるけれど、見習いたいと思う、す

Happy & Lucky

ごくクールで愛のある賢い目を持っている。

大人の世界のいろんな人づての話をどれだけ聞いたとしても、（子供の頃、私とほとんど一緒にいたので、いつも耳年寄り）一度好きになった人に対する見方がまったく変わらないのだ。

心の目に映ったものから決してずれない。

それってすごいなあと思う。

ラッキーでハッピーな日

ハッピーな日には こう茶をどうぞ。
ラッキーな日には音楽を聞きながら
海へ行きましょう。
毎日がハッピーで ラッキーだ。

そして、またまたハッピーな日
はさんぽへ行きましょう。
するとカエルさんも
ハッピーといっています。
ラッキーな日は音楽を
かけておどりまくり
ましょう。あたまの中で
ごちゃごちゃしたものが
ふっとんですごく楽しくなります。

毎日がハッピ

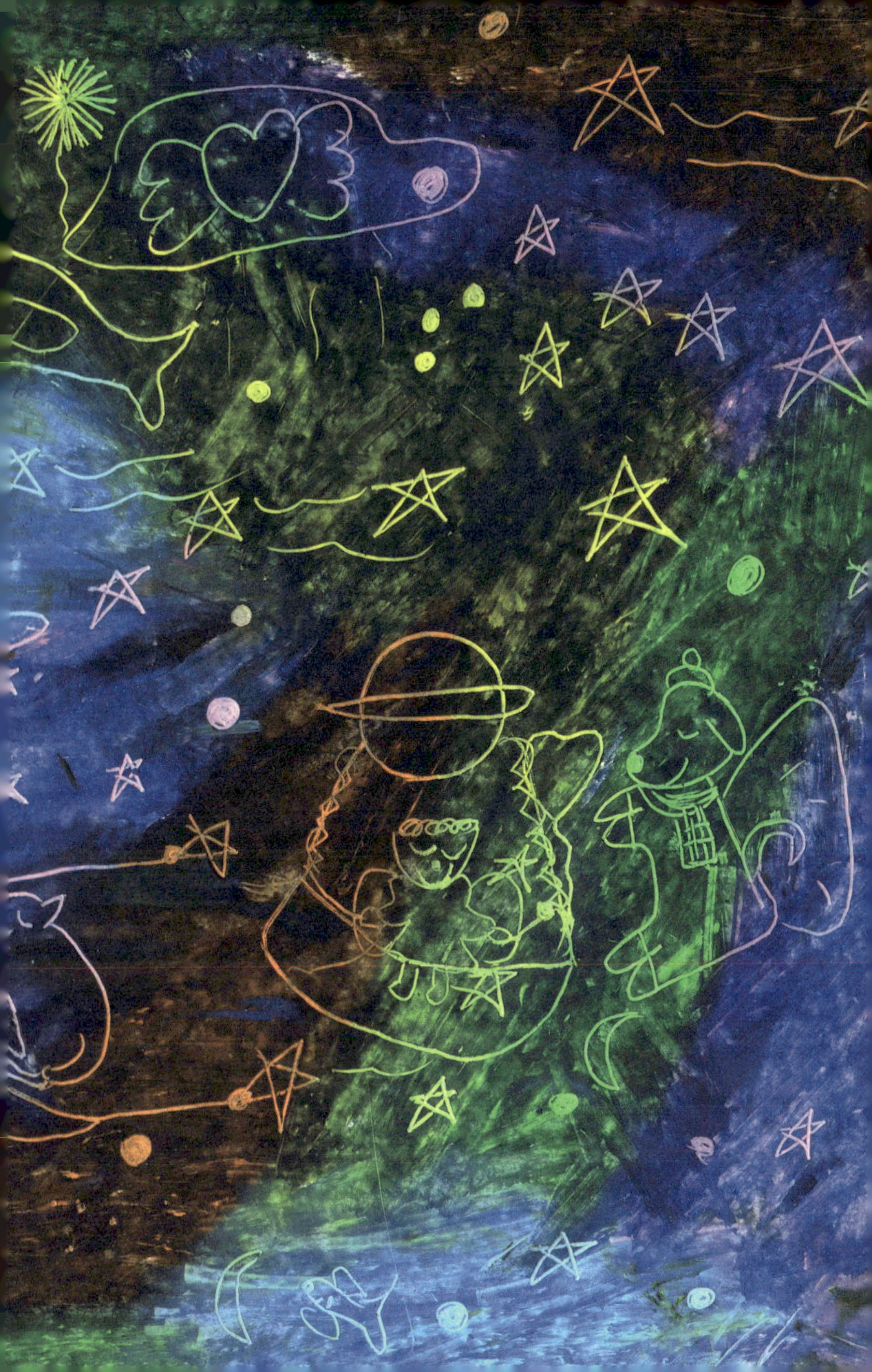

Cosmic Being

「透明くらげのアロハ&ナマステ」

最近の自分のオリジナルのイメージは
コスミックディープブルーの宇宙に漂う
金色に発光する透明くらげ
触手がいっぱいで　時間や空間や次元を超えてどこまでも
するする　自由に伸びていく
宇宙のワームホールみたいに自由自在に
どこまでも　簡単に繋がれる

世界中の魂の仲間や　銀河中の宇宙の家族のいるところまで
びよ～んと伸びていって　心の扉をノックする
コンコン「ハロー　あなたに会いに来ました」
にっこり笑って　アロハ&ナマステ

宇宙のガイドやマスターたちにも　アロハ&ナマステ
ガイアや元素や他の惑星にも　アロハ&ナマステ
繋がった瞬間に宇宙の花が咲く　呼応する宇宙の歓喜
本当のロマンス

アロハ「宇宙の同じ呼吸を共有しているあなたを愛しています」
ナマステ「私とあなたの内なる魂に敬意を払います」

伝わりあう愛と光と敬意が　銀河宇宙に
幸せで豊かなさざ波を起こしていく

この地上に　たくさん宇宙の花が咲きますように
宇宙が　幸せと喜びのバイブレーションで満ちあふれますように
すべての痛みが溶けあって　喜びの涙に変わり
そこに美しい虹がかかりますように

「宇宙の呼吸」

この銀河宇宙を、一つの大きな生命体と感じてみてごらん。
そして、宇宙のハート、心臓の鼓動に耳を傾けてみるのだ。
そこから宇宙の隅々にまで、きらきら輝く生命の光の波が流れ出している。

目も眩《くら》むほど眩《まぶ》しい大光明、無数の光の波、無限の愛と光が湧き出し、喜び、踊り、回転し、流れ出している。

あなたがゆっくり静かに、深く長い呼吸をしてその光を吸い込むとき、あなたという小宇宙と銀河の大宇宙は呼応しあって、お互いを感じはじめる。

どんな傷でも一瞬で癒せるその光は、すべてを若返らせ、蘇らせることができるのだよ。
その秘密の力への鍵はあなたの意識にあるのだ。

あなたの意識が、すべての生命の源である大慈悲の光に波長を合わせているとき、呼吸するたびに生まれ変わり、再生し、宇宙の大きな愛と共にいられる。

あなたの細胞にもっと愛の光を与えよう。
この宇宙で生きている喜びを、今この瞬間に味わわせてあげるのだ。

すべてが繋がって、共に振動している、一つの驚異の神秘生命体なのだということを、自らの体を通して感じてごらん。

つまらない人間世界の思い込みにいのちを閉じ込めるのをやめ、私たちを生かしている驚異の大宇宙の愛の生命力を身近に感じてみよう。

あなたのなかに輝けるいのちを慈しんで尊重し、自由に躍動させてあげなさい。

「あなたのなかのゼロに戻り続ける」

あなたのなかには無限のゼロがある。
ゼロは宇宙のはじまり。無限大の潜在能力が秘められたところ。

あなたの体の器官や細胞の一つひとつにもゼロがある。
∞の真ん中の地点だ。
チャクラにもフィーリングにもマインドにもゼロがある。

記憶による執着のすべてを手放し、自我の努力やコントロールも一切手放し、あなたのなかのゼロに戻ることに決めれば、あなたはすべてと繋がり、ワンネスのなか、宇宙の絶対場へと導かれる。

宇宙の絶対場では、あらゆる可能性の扉があなたに向かって一斉に開きはじめる。

そして、そのなかで、星の運行と同じくらい自然なリズムで、あたり前に楽々悠々、すいすいと流れていける。

すると、あなたの内なる光に引き寄せられて、まさに今、ぴったりの扉が、あなたの目の前にあらわれてくる。

それは、ごくあたりまえのように、自然に起こってくる。

あなたは、そこから常に新しい瞬間の光の場へと進んで行けばいい。

自我の執着を手放し、ありのままのゼロに戻る選択を続けるうちに、あれこれ思い煩ったり、悩んだり、努力したりする必要もないことに気づくだろう。

あなたは、この宇宙で常に拡がり続けるゼロであり、それはこの上もなく喜びに満ちた、すがすがしい冒険なのだよ。

True Feeling

「アロハの前に道はなく　アロハの後にも道はない」


アロハの前に道はなく、アロハの後にも道はない。

ただアロハと共にいきなさい。

ずっと、そう言われている気がしています。


人間は、本当はもっと美しい生き物なんだと思う。

心の奥のアロハ、愛と共にあれれば。


ほんとはみんな、心やさしく安らかでありたいんだ。

そのほうが、ずっと自分がいい感じでいられるのを知っている。

だれもほんとは、がみがみ、いらいら、つんつん、びくびくなんてしていたくない。

それって、つまらない大人の仕組んだマインド支配ゲームによって引き起こされた、否定的反応にすぎないんだもの。

そうやって仲たがいをさせ、みんながアロハで繋がるパワーや、自分の心で感じるパワーを自由に使えないように、つまんない人たちが考えた、つまんないバベルの塔のゲームなんだ。

でも、本当はどんな人の心にも、素直で無邪気な美しい心の子供がいて、素直に笑ったり、泣いたり、喜んだりできるんだよ。

大人は頭で考えるのが忙しすぎで、心の内側を感じるゆとりがない。
こうしなくっちゃ、こんな風じゃだめって、いつも自分を追い立てている。
でも、自分のことが大切に、いい感じに思えて、他の生き物の美しさがちゃんと感じられることは、とっても大切なこと。

アロハは、生き物を輝かせる、あたたかな愛のエネルギー。
花の香りのように、あなたから自然に湧きあがり、自分とまわりをいい気持ちにする。
あなたの大切なハートの宝物は、決してなくなったりしないんだよ。

アロハと共にありなさい。

「本当の気持ち」


みんな、ほんとは、やさしく丁寧に扱われたいだけなんだ。

どんな意地悪な人も、人をコントロールしちゃう人も、暴力的な人も、呪いをかけちゃう人も。


きっと、過去に愛を与えた分、戻ってこなくて、とうとうやさしさが枯れちゃったんだよ。

そして、やさしさへの渇望が怒りや憎しみに変わって、自分ではもうどうしようもなくなる。

ほんとの気持ちに上塗りされたいろんな気持ちで、わけがわからなくなっちゃうんだ。

生まれたときから、大切なものとして敬われ、いつもやさしく扱われていたら、きっとまわりの人やものを、やさしく、丁寧に扱うことができていたはず。

ほんとは、みんな、やさしくされて、やさしくありたいはず。

だって、生き物がすくすく育つには、あたたかなやさしいまなざしが必要だもの。

この世界の人間は、自分の本当の気持ちと向きあうことが苦手なんだ。

素直な心を踏みにじる、くだらなくて卑怯な大人の建前がまかり通る幻想社会に住んでいて、競争や欲の追及に没頭するように仕向けられてしまっているから。

だけど、もう一度、自分にとって本当に大切な気持ちと素直に向きあってみよう。

お互いがお互いをやさしく丁寧に扱い、みんながやさしさを充分に受け取って与える。

愛が循環する世のなかでも、ほんとは誰も困らないし、世界はちゃんと成り立つんだから。

「あなたのなかの愛と真実に正直に生きよう」


「自分のしたいことを人にしなさい。

しかし、決してその人を心から追い出してはならない」

「みんなを愛し、そして、真実を話しなさい」


私の大好きな、ニームカロリババの言葉です。

私たちは、ある人といるとき、自分の本当のフィーリングを犠牲にしているために、その相手を心から追い出しまうことがあります。

自分の心が真実からずれていくのが、相手のせいに思えるからです。


でも、そうじゃないことを、あなたの魂は知っています。

あなたの魂は、常にあなたがあなたの真実を話し、その真実を生きながら、みんなを愛することが可能だと、思い出させようとします。

魂にとって、表層面でのメロドラマなどどうでもいいのです。

皆に好かれるいい人になろうとするより、深いところで愛されている、愛の深い人に戻ろうと、あなたを促しているのです。

変わっていてもいいのです。無茶苦茶でもいいのです。

あなたが、真実の愛のフィーリングから生きているのなら。

深い慈悲が裏切られることなどありえません。

なぜなら、万物はすべて、深い愛の慈悲からできているからです。

Awareness

「エレクトリックドラゴン　ウエイクス　アップ」


あなたのなかの秘密のドラゴン。

コスミックエネルギーに身を浸し、目覚めゆく七色のエレクトリックドラゴンを、あなたのなかから呼び起こそう。

もっともっと、気持ちよく生きることができるはず。

あなたのなかの流れる水と、燃える火が、混ざりあって踊り出すのを静かに待っている、あなたのなかの秘密のドラゴン。


薄目を開けて、ガイアの流れと星の運行を密やかに感じ取りながら、目覚めのタイミングを見計らって、眠ったふりをしているのだ。


固体のなかに縮こまっていないで、ほら、出てきてごらん。

私たちは生きているんだもの。

いのちの光に意識を当てれば、原子の一つひとつに宇宙の電気が流れ込んできて、あなたは充電されていくんだよ。


この、スパークするコスミックエネルギーの源は、宇宙の無限の愛だ。

宇宙の歓喜のエネルギーを味わいながら、ゆっくり、ゆったり呼吸すると、そこには透明な水晶の意識が生まれ、あなたのなかのレインボードラゴンが生き生きと動き出す。

もっと流動的に、もっと情熱的に、もっと楽々と、もっと安心して存在したっていいはずだよ。


身を隠し、息苦しそうに縮こまって生きる必要などないのだもの。


虹のドラゴンは、あなたのゴーサインを待っている。

生きる目的は、生きること。

生命の神秘を味わいなさい。

ガイアや宇宙を生き生きと蘇らせるのは、一人ひとりの、気持ちのいい生命の光なのだから。

「今、この瞬間に目覚めていること」


今、この瞬間に目覚めていたい。

自分のなかの賢い目撃者を眠らせずに、内側を感じていたい。

外界の影響に自動的に反応するのではなく、無理やりことを起こそうとするのでもなく、
自分が今ここからずれないでいること。

自分の内側が、今、怒っているのか、悲しんでいるのか、ちゃんとわかっていること。

その上で、何かを誰かのせいにしたりしないこと。


今、この瞬間の現実をつくりだしているのが自分だということに、どこかで気づいていること。


自分の感情も、自分の責任だと知っていること。

それがわかった上で、自分の深いところにある感情を、他者と素直にわかちあおうとすること。

いつか、ひとかどの人になろうとするのではなく、今、この瞬間に、この場所で目覚めていること。

条件抜きで幸せでいられたら、こんなすばらしいことはない。
〜があったらとか、〜がもう少し〜だったらとかじゃなくて、常に、自由自在に変化でき、宇宙に対して絶対的な信頼で開いていたい。

すべては、本当は私たちの味方で、私たちを育て育むエネルギーだと知ること。

やすらぎの戦士のセリフ
「当たり前の世界で超越的な存在になろうとするのではなく、超越的な世界で当たり前の存在になること」

その道は果てしなく、一瞬一瞬の自覚が私たちの道をつくっていく。

「目を覚まして生きよう」

黄金の叡智はあなたのなかにある
あなたのハートの奥から金色の叡智が輝き出し
あなたの体を突き抜けて銀河にまで広がる

あなたの血液には　胸腺からあふれ出た金の結晶が流れ込み
宇宙と呼応して脈動している

尽きることのない愛の叡智は　あなたのなかに確かに存在しているのだ
その光と脈動の魔法を蘇らせよう

黄金の叡智の光によって　まずあなたの生命を蘇らせるのだ
あなたを形づくっている細胞の一つひとつの意識を目覚めさせ　自由にしよう

目を覚まして生きよう

愛と喜びがあなたを待っているはずだ
もう眠りこける時期は終わったのだ
星たちがそれを告げている
天使たちが微笑んでいる

さあ　目を覚まして繋がろう
この生命の愛と光の蘇りを　誰も止めることなどできないのだ
それは　宇宙に存在する生き物の神聖なる喜びであり
いのちに宿された神聖なる計画なのだから

Pure Eyes Inside You

「あなたにとって　一番大切なこと」

あなたの頭が、繰り返し深刻に考えている大問題は、
本当は、たいしたことじゃないかもしれないよ。

そこに愛が感じられれば、それでいいのかもしれないよ。
頭でわかりあえないことや、考え方のくい違いも、どうでもいいのかもしれないよ。

皆、違う魂を持って生まれてきていて、違う過去を持っていて、
選んでいる課題も、体験すべき事柄も全然違うのだから。

頭で理解できなくても、全然構わないのかもしれないよ。

あなたの心に愛があり、相手のなかにもそれが感じられたら
もうそれで構わないのかもしれないよ。

そうすべきことも、こう在るべきことも　何もないのかもしれないよ。

本当は、何も問題じゃないのかもしれないよ。

あなたの心にいとおしい気持ちがあり、相手の奥底にもそれが感じられたら、
それでいいのかもしれないよ。

それでも、一緒にいられなかったり、
何もしてあげられなかったりするかもしれないけど、
そんなときは、切ない気持ちを慰めてもらえばいい。

あなたのまわりには、あなたを心から愛している存在たちが
ずらっとあなたを取り囲んで、穏やかに笑いかけながら
あなたをいつでも応援しているのだから。

罪悪感や焦燥感なんて、捨てちゃっていいのかもしれないよ。

すべては、神聖なる秩序のなかで起こっている、
貴重でかけがえのない出来事なのだから。

あなたを含めた、一つひとつの生命のなかに、輝ける神秘の光を見られたら、
あなたにとって、それが一番大切なことかもしれないよ。

「心清らかなる者は幸いなり」

人の目に、この世界のありようがどのように映ろうと、集合意識の下す判断がどのようなものであろうと、心清らかなる者を、天地はいつも愛し、慈しんでくれる。

自らの心の清らかなる本質に戻れば戻るほど、神様や仏様の愛と加護を感じられるようになる。

心の清らかさは、宇宙の愛を映す拡大鏡のレンズのよう。
清らかな水に美しい光がきらめくように、あなたの心が澄んでくると、そこから放たれる光が増していき、天地は必ずそれに応えてくれる。

いつも万物と共に存在し、潜在意識で繋がっていることを忘れないように。

自然や宇宙との神聖な繋がりを取り戻していくと、自然と自分や他者のいのちを敬うようになり、真実のフィーリングを大切にし、いのちのあるがままを受け入れられるようになっていく。

欲の深い人が得をするという現代社会の愚かなる幻想を、頭からすっかり捨て去ろう。
そんなのはくだらない戯言《たわごと》にすぎない。
この宇宙において、そんなことは　ありえないのだから。

私たちが、赤ちゃんのような、そのままのピュアさで存在しているとき、その気持ちよさに、自然や星たちはきっと、うっとりするだろう。
そして、あなたと繋がり、話したいと思うはずだ。

自然や星々、神様を味方につけているなら、何を恐れることがあろう。

ありのままの澄んだ心で、万物と一緒に生きる。
それはとても幸せで、喜ばしく、豊かなことなんだ。

「I Know　私は知っている」

ほんとに小さいときは、いつもどうしたらいいか知っている。

本来のバイブレーションで生きているから自然とわかるのだ。自分とまわりにとって一番いい方法が。

でも、それを否定されたりバカにされたりする。まわりに受け入れられない。

そこで、知っている感覚を眠らせて、まわりにあわせようとする。

受け入れられ、生き残るための自己防衛手段。

そのために、私は知っている、という幸せなバイブレーションから離れることになっても、それでも、まわりに受け入れられたいと願うのが人間だ。

バラバラなバイブレーションのなかで息を潜め、今の自分のあり方が、一般的に正しいか間違っているかに怯えながら何とかやり過ごす。

受け入れられるためにもっと努力して、もっと知らなきゃと思う。

ほんとは知っているのに。ほんとはわかっているのに。

もう一度、知っているところからはじめよう。私は知っている。私はわかっている。と言い続けてみよう。すると、不思議なことに、ほんとにそうなるのだ。

幼い子どものように疑いを持たず、あたりまえに知っていて、わかっている脳の状態に戻る。知っている状態なら、トーニングの魔法が使える。まわりの波動を整え、正しい状態に戻す力。

人工的に乱されたり操られたりしていても、知っている意識のバイブレーションが倍音となり、もともとの統合されたトーンに戻していく。

宇宙の生命の源から発せられる鼓動。
音とリズムに自らを共鳴させて生きる。
知っているバイブレーションは、水紋のように拡がり、トーニングしていく。

I Know Who I am.
知っている状態に戻れば、答えは自然にやってくる。

「あたり前の神秘に気づいていられますように」

あたり前の神秘に気づいていられますように。

宇宙の普遍的神秘が万物のなかに存在していることを忘れないでいられますように。
その偉大なる神秘の力から私たちができていることに気づいていられますように。

細胞の一つひとつ、ＤＮＡ、原子、すべてが、宇宙の神秘のバイブレーションを帯びて振動していることを、ちゃんと感じていられますように。

私たちのなかにある神様の目を曇らせないでいられますように。

すべてのことが、ただ起こる必要があって起こっているのだということを、心穏やかに素直に認められますように。

宇宙に存在するすべての生命を抱き、慈しんでいる深い慈悲とユーモアを忘れないでいられますように。

自分のゆがんだ感情によって振り回されたり、神様の目を曇らせたり、自分が誰なのかをすっかり忘れてしまったりしないで生きられますように。

自分という存在の最奥の源から湧き上がってくるフィーリングを、いつも感じていられますように。

エゴの感情的判断より、神様の心の瞳を信頼し、選び取っていけますように。

見たものを感情的に判断し、反応する癖から自由になり、ありのままをシンプルに受け取れますように。

あたりまえの奥に隠された深い愛の神秘に、いつも気づいていられますように。

Golden Child

「あなたの内なる子供に」

もう何もジャッジしたくない
誰も否定したくない
これが　内なる子供の叫び

人が人を裁くのを耳にするたびに　あなたの内なる子供は
怯えて　がっかりする

なぜって　内なる子供は知っているから

本当の自分でいるために　他のものを否定する必要はないことを
人を否定するたびに　自分が否定されていることを

神様の判断は二つしかない
「よい」と「とてもよい」

大きな愛を取り戻そう
あなたの内なる子供を元気にするために
ガイアのハートと繋がるために

「よい」「とてもよい」って　まず自分に言ってあげよう

どんな自分も誇りに思おう

大きな愛のまなざしこそが　奇跡の変容を生むのだから

「子供たちに伝えたいこと」

どんないのちの輝きだって、とても、とても、大切なんだよ。
あたりまえじゃないか。神様の光が宿ってるんだから。
心を澄まして見てごらん。
そこにある、愛《め》でるべきいとおしい光が見えてくるよ。
やわらかくて気持ちのいい、神様の光。
あなたのなかにもあるんだよ。とてもすばらしいいのちの息吹。
偏差値やテストの結果は、あなたの価値とは何の関係もないんだよ。
大事なことは、あなたが日々大切なことを、ここで学んでるってこと。
あなたの魂は、何からでも、どんなことからでも、毎日ちゃんと学んでるんだよ。
そのことを神様はちゃんと見ている。
いつも目を細めて、あなたの魂の頑張りを誇らしく思っている。
つらいことも、わかってもらえないこともあると思う。
それでもね、あなたのなかにある素敵ないのちの輝きに、気づいてくれる人がきっといるんだよ。

だから、自分にやさしくしてあげて。どんな自分も誇りに思って。

人にも動物にも、できるだけやさしくしてあげよう。

そのほうが、ずっと気持ちがいいんだよ。

全部大人の言う通りになんかしなくていいんだよ。

まわりの期待に、無理に応えようとしなくたっていいんだよ。

あなたに、やわらかであたたかな光が宿っていて、それが喜ばしいことだってことが、何よりも一番大切なんだから。

人と違っていてもいいんだよ。

もっとみんなに助けてもらっていいんだよ。

あなたたちが抱えている問題をわかちあう喜びを、大人にも与えてあげてほしい。

それは、もとはといえば大人たちがつくり出した問題で、大人たちはあなたたちから学ぶことがたくさんあるんだから。

どうか、あなたのなかに宿る大切な大切ないのちの輝きを、何よりも気にかけてあげてください。

「新月の祈り」


新月に、すべての子供たちのために、祈りたいと思います。

世界中のすべての子供たち、また、大人のなかに生きているすべてのインナーチャイルドのために。

置き去りにされた子供。乱暴された子供。無視された子供。脅された子供。利用された子供。

どうか、子供たちの心と体と魂の痛みが和らぎ、自分を見守るやさしいまなざしに出会えますように。

すべての人のインナーチャイルドが、いつか元気を取り戻し、自分がこの地上に、本当にやさしく迎え入れられたことを思い出しますように。

たとえ、目に映る現実がどれほど過酷だったとしても、あなたのスピリットが、この地上に存在しているすべてのスピリットに敬われ、大切に迎え入れられた真実を忘れてしまわないように。

自ら痛みを負う選択をした魂の強さを褒めたたえ、前進する力と、痛みを溶かして喜びに変える魔法を知っていることを思い出しますように。

あなたのスピリットにつき添って共にいてくれる守護者たちが、どれほどあなたを愛しているか、ガイアがあなたをどれほど深い愛で受け入れてくれているかを、すっかり忘れてしまうことがないように。


どうか、天使たちよ。

子供たちを励まし、そばにいて、その内なるスピリットをお守りください。

その大きな翼で包み込み、安らぎを与え、自分を敬うことを思い出させてあげてください。

心や体の傷を癒してくれる出会いに導き、再び自由な心で、この地上にしっかりと立ち、愛と笑いを広げていくことができますように。


どうか、愛と光のまなざしで、私たちとその仲間をやさしく見守っていてください。

「スターチャイルドの奇跡」

あなたのなかの幼き心、スターチャイルドは、この世界を愛しています。

一度大切に思った人のことをずっとずっと大切に思っています。

あなたのなかの幼き心は、大人の心のように、「あの人のために、私が何とかしてあげなくては」と意気込んだり、「裏切られた。もう二度と信じない」などと叫んだりしません。ただ、相手の存在がとても大切に、いとおしく感じられ、頭ではなく心で愛しているのです。

開いた心ですべてと繋がっているので、自分がすべての一部であり。すべてが自分の一部なのだということを体感で知っています。

悲しんでいる人に寄り添って、その悲しみを共に感じ、喜んでいる人と共にその喜びをわかちあいます。

それは生き物の本性である、ケアする心です。

大人の心の感情的執着からくる脅迫的な愛情とは、まったく違う質のものです。

Source of Star Seed

もっともっと、あたりまえに、自然に湧き出てくる奥深いフィーリングなのです。


自分が、自分自身である気持ちよさをお互いに伝えあい、共に感じあう。

あなたのなかの幼き心は、大人の心とは違い、すべての存在のなかにある幼い心と、すでに気持ちが通じあっています。


それでも、いつも一緒にいられるわけではないし、道が分かれてしまうことも、来ている波が違ってしまうこともあるでしょう。

それはそれでいいのです。

あなたのなかのスターチャイルドは、自然の洞察力を携えながら世界を見ているので、自らを傷つけるような選択はしません。自分のことも他者と同じように敬い愛しているので、自分を犠牲にしません。

ぴったりの時間にぴったりの場所にいて、受け取るギフトを受け取り、与えるギフトを与えることができます。

だから、どうかあなたのなかのスターチャイルドに、自由に感じさせてあげて欲しいのです。無限で未知なる物を受け入れることからあなたの本当の生がはじまります。

あなたの内側の光が、外側の光と溶けあったとき、そこに奇跡が起こるのです。

頭と心を自由に開いておくことが、奇跡を受け入れる鍵となります。

「秘密のモナド」


バラはバラであるだけで美しく、その香りは人を魅了する。

蓮は蓮であるだけで、見ている人に平安と至福感を思い出させる。

野の花は野の花であるだけで可憐で、自然であることのかけがえのなさを感じさせてくれる。犬や猫は、ただそこにいて、私たちの存在を感じてくれているだけで、いとおしく心を癒してくれる。


人間は、この世界に生まれてくるとき、自分のなかにある秘密のモナドを忘れてしまうようにできている。

一人ひとりのなかにある星の輝きの源。

その人がその人であるエッセンス、本質。透明で純粋な美しい秘密の光。

外からの力によって、決して損なわれたり汚されたりすることのない、あなたのなかの神聖なる宝石。

そこからあなたははじまっている。あなたという宇宙の源。

どんな体験をしようと、いかなる環境にあろうと、その本質は変わらない。

あなたがあなたのなかの神聖さに気づき、その光に目を向け、その源を思い出すためにすべての体験がある。

思い出すのに必要なことは、あなたのなかのその光に自由に呼吸させてあげること。

大きな愛のまなざしを注ぎ、勇気を持ってその神聖さを外に放つこと。

過去にあなたがいかなる扱いを受けたとしても、そのことは忘れていい。

忘却の至福の波に任せなさい。


あなたがあなたという星の源を思い出せば思い出すほど、あなたの受けた痛みは、きらめく喜びのなかで溶けていきます。

あなたがあなたの源から輝きはじめたとき、もはや人間としての苦しみを超え、いかなる出来事も、あなたという光に影を落とすことができなくなります。

あなたがどれほど美しく、貴重で、かけがえのない存在かを、宇宙はいつも知っていてくれます。

Love & Light

「あなたへの愛の行為」

朝起きたら、まず「私は、今日一日、愛と光と喜びを受け入れます」と宣言してください。

過去に起こった嫌な出来事や、言われた一言が頭に蘇ってくるとき、「私は過去の囚われではなく、いまこの瞬間の愛と光と喜びを選択します」と心のなかで言ってください。

何かを飲んだり食べたりするときは、「私は、これらのものから愛と光と喜びをいただきます。それ以外のものは、私の体から出ていきますように」と心のなかで言います。

歯を磨くときや、お風呂に入るときも、「愛と光と喜び以外のものを洗い流してください」と言ってください。

これは、あなたの無垢なる心を人間的な囚われから救うために、あなたがしてあげることのできる、あなたへの愛の行為です。

あなたのピュアなハートは、これまであなたの意識が、人間のつくり出した囚われに執着していたために、本領を発揮できませんでした。

これ以上ハートを犠牲にすることは、あなたを含めたすべての生き物の幸せに繋がりません。

あなたのハートに、あなたの愛の行為を捧げてください。

毎瞬毎瞬、人間的囚われから生まれた意識感情ではなく、愛と光と喜びを受け入れるというあなたの意思が、あなたのハートを元気にしていきます。

ハートが元気になると、あなたのなかに、とても心地よくパワフルな感覚が生まれ、そのフィーリングが、あなたにすばらしい体験をもたらしはじめます。

そして、あなたのなかに生まれる純粋な喜びの体験が、更なる愛の体験を、あなたの人生に呼び込んでくるのです。

あなたがあなたを愛さなければ、いつまでも世界は癒されません。

「愛と光のラブレター」


この世界は、愛と光からのラブレターに満ちています。

小さい頃は、たくさんそれが見えています。

音や光や匂いのなかに、葉っぱの上の水滴に、夏の空の青さのなかに、風のざわめきのなかに、降ってくる雪の白さに、冬の朝の空気の透明さのなかに。


でも、大人になると、世界からラブレターを受け取るのがだんだん下手になってきます。

愛と光から、焦点がぼけてしまうからです。

不安や心配、懸念や疑いで頭がいっぱいになり、世界からのラブレターの中身、愛と光を感じ取ろうとする深いフィーリングを使わなくなるのです。

自分が自分らしくあることの心地よさを忘れ、まわりにあわせることにばかり必死になってしまうからです。


でも、ラブレターは毎日届けられています。

それは、あなたの体から、子供から、動物から、植物や鉱物から、あなたを取り巻く世界や宇宙から。

封筒の色や紙質が気に入らないからといって、受け取るのをやめてしまうと、あなたは、愛を受け取れなくなってしまいます。

体が不調を訴えてくるとき、それは体からあなたへのラブレターが隠されているのです。

子供がぐずったり怯えたりするときにも、あなたへのラブレターが必ずあります。

あなたが、マインドとハートをオープンにして、そこに隠された愛と光を受け取れば受け取るほど、あなたのなかの愛が潤い、光が増して、今度はあなたが、みんなに素敵なラブレターを返すことができます。

世界から毎日あなたに届けられるラブレターを楽しみに待ち、笑顔で両手を広げて、それを受け取るのです。文字が下手でも、文章が下手でも、そこにたくさん愛と光が感じられれば、あなたは、きっとうれしくなるはずです。

そして、あなたは宇宙の天才だから、きっと独自の素敵なラブレターを、世界に向かってたくさん返すことができるのです。

「愛と光が呼ぶほうへ」

人間のマインドはかなり概念好きなので、ついついこう考えます。

「このやり方は正しいんだろうか。
どっちに行くのが正しいのだろうか」

でも、宇宙はもっとシンプルにできています。

瞬間瞬間に、愛と光があなたに呼びかけているのです。
こっち、こっち、って。
あなたのなかの愛と光と溶けあって、一つになりたいから。

だれかと対立する必要などないのです。
何かのやり方や考え方に固執していると、愛と光が語りかける声が聞き取れません。

何が正しくて、何が間違っているとか、そういうことではなく、あなたのなかの愛と光に響くほうに進めばいい。

そのなかで、たくさんの愛と光と溶けあって、あなたの内なる輝きはより一層、美しさを増していくのです。

溶けあい響きあう喜びを体験するために、ここに来ているのだから。

たくさんの愛と光があなたを呼んでいます。
あなたの内側の愛と光と一つになりたいのです。
あなたのなかの愛と光が溶けあいたがっている方向へ行かせてあげてください。

Passion

「不死鳥の炎」

不死鳥の炎が自分のなかにあることを忘れないでください。

どんなに繊細で傷つきやすくとも、あなたはとてもパワフルな存在なのです。

あなたのなかにある不死鳥の炎を、忘れずにあたため続けたら、その炎はいつか必ず、赤々と燃え上がり、黄金色のフェニックスとなって飛び立つときがやってきます。

宇宙とガイアは、虹の祝福と喜びの鐘の音であなたを祝うでしょう。

あなたのことを誰がどう思おうと、あなたは宇宙の魔法使い、パワフルなスピリットです。

どんなに打ちのめされても、深い傷を負ったとしても、必ず起き上がり、いつか飛び立つことができるのです。

あなたは、地上に舞い降りた天使の質、不死鳥の炎を内に秘めています。

何者であろうと、その炎を消すことなど絶対にできません。
この炎を灯し続け、金の鳥を蘇らせてください。
天と地が、あなたを、うれしそうに見守っています。
あなたが必ずやり遂げられることを知っているのです。

「たった一つの愛の法則」

あなたのなかの愛と共にあること。
あなたが傷つくのは、決まってあなたが、あなたのなかの愛から離れたときだということを覚えておきなさい。

あなたのなかの愛は、永遠に燃え続ける炎。
すべての振動と放射の源であり、そこが枯れてしまうことは決してない。
あなたが恐れに気をとられて、愛から離れたりしなければ。

誰かがあなたを裏切るのではない。
あなたが、あなたのなかの愛から離れたときに、あなたはそのことによって打ちのめされ、切り離されたように感じるのだ。

あなたが、あなたのなかの愛と共にあるとき、あなたは決して、破壊されることはない。

愛以外の振動数はあなたに近寄れないからだ。

だから、恐れることなど何もないのだよ。

愛が愛を呼びあい、この世界に愛が満ちてくるのを、ただ、楽しんで味わいなさい。

これは、宇宙のたった一つの法則なのだよ。

「アロハの世界から来たあなたに」


スピリットは、みんなアロハ（愛）の世界からやってきます。

どんなスピリットも同じです。


そして、アロハの世界では、すべてが愛と光に満ち、皆が愛しあっています。

私もあなたも、愛の光だということがわかっているので、伝えあい、わかちあうのはいつも愛です。

そこから地上を見ると、アロハを忘れて苦しみもがいている大切な仲間たちが見えます。


そこであなたは思います。

私が行って、みんなにアロハを思い出してもらおう。


地上にやってきた頃のあなたは、みんなのなかのアロハが見えています。

そして、自分がアロハの世界から来ていて、アロハでできていることも覚えています。

でも、大きくなるにつれ、たくさんの、アロハのないエネルギーや言葉に触れて、なんだか混乱してきてしまうのです。

人の怒りやいらいらをぶつけられたり、いろいろできないといって情けながられたり。

そして、この世界のやり方に何とか馴染み、受け入れられようと頑張るうちに、自分がアロハの世界から来た愛と光だということを忘れていってしまうのです。

アロハを忘れてしまったあなたは、なぜ生きていることがこんなにも息苦しく、緊張を強いられるのかわからないので、いらいらしたり、もやもやしたりします。

でも、あなたに一番必要なのは　アロハなんです。

それがあなたにとって、何よりも大切なフィーリングだから。

あなたが本当にこの世界で伝え、受け取り、わかちあいたいのは、アロハだからです。

だから、あなたに投げかけられる、アロハのない言葉やエネルギーを信じないでください。

アロハのないところに真実はないからです。

それは、ただそこにアロハが足りないということをあなたに訴えているだけなのです。
ああ、ここにはアロハが足りないんだなって、気づくだけでいいのです。
そして、どうしたら　もっとアロハを感じあえるのか、伝えあえるのかに、意識をフォーカスしていきましょう。

アロハの世界からやってきたあなたにとって一番必要なのは、アロハを感じることです。
自分のなかに、そしてまわりのなかに。

あなたが再びこの世界をアロハの心で見たとき、この世界もアロハに満ちていることがわかります。

人間の目には隠れていたり、見つかりにくかったりしたとしても、アロハとアロハは簡単に引きあうので、あなたがアロハに戻れば、世界にアロハがあらわれてくるのです。

みんな、アロハの世界から来ています。

Magic of Life

「Welcome Kiss」

野生のイルカの世界では、新しい赤ちゃんイルカ誕生のとき、海で一緒に暮らすファミリー全員が、これから赤ちゃんを産むお母さんイルカをぐるっと取り囲んで、ベイビーの誕生を見守るんだそう。

そして、生まれてきたばかりの赤ちゃんに、一頭ずつウエルカムのキスをする。

「ようこそ、私たちの暮らす星へ。
あなたもここの一員になりましたね。あなたを心から歓迎します」

スピリットの世界からはるばるやってきて、お母さんのお腹のなかで受肉し、この世界に生まれてきた新しいいのちが、この世界の波動に馴染めるように、キスのシャワーでやさしく調整してくれるのだ。

ファミリー全員に「あなたは歓迎されているすばらしき子供です」と言われて、その誕生を祝われるって、素敵だよね。

私たち人間の世界も、いつかそんな風になれるといいね。

一つひとつのいのちが大切に扱われて、迎え入れられ、みんながちゃんとウエルカムな愛を感じながら育つ。

この世界で心を開いて、自然に愛を循環させるには、自分がここでちゃんと歓迎されていると実感できる、安心感が必要なんだと思う。

感覚を開き、素直な心で感じれば、きっと感じられるはずだと思うんだ。

自分を歓迎してくれる場所や、人や、動物たちのウエルカムな心を、ちゃんと受け取れると思うんだ。

「よく来たね」って言ってくれる、ウエルカムキスを。

そうしたらきっと、自分が自分でいることが、限りなく喜ばしい幸せなことだって思えてくるはず。

そんな風になっていくといいね。

「創造の魔法　マオリの時間」


マオリの時間の見かたはこう。

未来は後ろにあるもの。過去は前にあるもの。

目の前にある過去を見るときは、そこから得られた質を大切にすること。

そうすれば、前にある過去から、新しい希望ある未来が生まれる。

未来は、目に見えず、未知なるもの。

あなたの背後に存在する。

今日起こした行動の名残なので、未来が後ろにあるという意味らしいんだけど、なんだか、もっと深い意味がある気がするんだ。

背後に隠された未知なるものから、いま私たちが何を感じ、どう行動するかから、未来がつくり出されている。

背後にあり、私たちを見守り、私たちを待ち、そっと前に押し出そうとしてくれる愛や祝福を感じはじめたとき、それが現実にあらわれてくる。

それってなんだか、百人力って感じ。

私たちの背後には、まだ私たちが知らない無限の祝福が隠されていて、そこから未来がつくり出される。

私たちは、いまここにいて、その未知なる祝福を信頼し、それにフォーカスすることで、希望ある未来をつくっていく力が与えられている。

生きてるって、素敵な創造の魔法なんだね。

Crystal of Gaia

「Somewhere over the Rainbow」


最近、クリスタルのなかにある虹を見ていると、不思議な人たちと繋がっているのを感じるの。

ガイアの奥にあるシャンバラ、エデンの園、レムリア王国、地中の天国。

いつも私に話しかけてくれていた人たちは、虹の向こうのガイアの人たちなのかもって気がしてきた。

どこか遠い星の人たちじゃなくて、すぐ足元のガイアの人たち。

すべての生命の神秘力と万能力、感応力を、宇宙の法則として何よりも大切にする世界。

細胞の持つミラクルパワーと共振する力、生命力の持つ時空を超えた愛で循環する力で、響きあういのちのハーモニーがある。


ガイアの奥が教えてくれてるんだ。

私たちの意識と周波数が上がれば、再び浮き上がってくるガイアの奥のエデンと、もう一度一つになれるということを。

陸の動物たち、植物、鉱物、海の賢い生き物たち、天使、土地の精霊。

ここで揺らぎ共鳴するすべての種族と共に、聖なる輪に入りたい。

人間の生み出した、痛々しく制限された幻想のなかで切り離され、孤独に生きるのはもうやめにしたい。


すべての生き物が生き生きと輝いて、安らいでお互いを尊重し、調和して暮らして、一体何がいけないんだろう。人間だけ、そうできないはずがない。

原罪やカルマのせいにして、ガイアや宇宙に背を向けて生きて何が幸せなのかな。


自分のなかのクリスタル（純粋で透明な意識とハート）に焦点をあてて、虹の向こうの世界に進もう。

今ここにある、本当の喜びをもたらすものに意識の焦点をあてよう。

自分を、生きている喜びから遠ざけてしまう力を信じるのをやめよう。

あなたのなかにあるクリスタルの虹から、すばらしい世界が生まれてくるんだよ。

「地底のいとしい人たちからのお誘い」

ようこそ。
私たちの平和と調和の王国へ。

地上の喧騒に疲れたら、心静かにチューニングをあわせ、
私たちの王国を訪れてください。

競いあい、比べあう差別や偏見に疲れたら、
ハートの奥の平安に入り、地上の雑音ノイズをシャットアウトして、
精妙で清澄なバイブレーションのなかで、くつろぎ休んでください。

そこでは、あなたの純粋で精妙な心の波動は歓迎され、褒めたたえられます。
そして、それは褒めたたえられるべきものだから、ちゃんと迎え入れられて、

大切に扱われることが必要なのです。

あなたがこの地球に歓迎され、大切に扱われ、愛され護られていると実感できることは、とても意味のあることなのです。

だから、時々私たちの王国を訪れ、交流を持ってください。

Message from Crystals

スペキュラーへマタイト

あなたはあなたでいいのです
自分にとって心地よいことを大切にしてください
他の人たちと比べたり　社会の基準にあわせることなどありません
スタンダードなど忘れてしまいなさい
あなたにとって心地よい感覚とリズムは
今この瞬間に　ハートで感じるものなのですから
自分を型にはめようとするのをやめて　流れるままにしてあげるのです
あなたのなかのフィーリングは生きていて　他の存在と呼応しあい
そこに喜びのバイブレーションが生まれるのです
それは祝福であり　わかちあいです

水いりめのう

時を紡いでいる宇宙の神様と　友達になってごらん
時を　あなたの味方につけてごらん
やさしくつながり　紡がれるお話と共に遊んでごらん
自由にほどいたり　繋いだりできたこと　思い出してごらん
時の波を無理に捕まえようとしたり　自分の思い通りに支配しようとせずに
波打ち際で無邪気に遊ぶ子供たちのように　一緒に戯れ楽しむことが
時を味方につける　一番の秘訣なのだ

ルチルクオーツ

手放しで喜ぶ時間を持ってごらん
この世界にだって　手放しで喜べることはたくさんあるのです
純粋な喜びの放つ　朗らかで無邪気なエネルギーが

この世界にどれほどの光をもたらすかは　まさに神業《かみわざ》と言えるでしょう
人間の心の苦しみの大部分は　生きていることを手放しで喜ぶことへの
後ろめたさから生まれています
あなたがまわりの世界の存在を笑顔にしたいなら
まずは　あなたから　生きている純粋な喜びを思い出すことが
不可欠なのだと　気づいていてください

水晶

銀河よりいでし者よ
その起源に立ち返り　星の眠りから醒めよ
記憶の扉を開け放ち　我を見つけよ
銀河のハートの鼓動は　心清らかなる者にのみ聞こえる
その音に耳を澄まし　倍音を感じ　その恩恵を受けるのだ

Pearl

淡水パール

You are so beautiful. You are so wonderful. You are so splendid.

あなたはとても美しい。あなたは本当にすばらしい。

宇宙は、地上に生まれてくるすべての子供にそう言っています。

その言葉こそが、紛れもない普遍の真実だから。

宇宙は、あなたという奇跡の子供を心から祝福し、褒めたたえています。

あなたのなかの透明な魂の光を愛し、愛《め》でています。

それは、本当に美しくすばらしい、知恵に満ちた、無垢なる光なのです。

どんなときもあなたを褒めたたえる、宇宙の母なる声を聞くようにしてください。

その言葉が魔法の保護ベールとなってあなたを守ります。

地上では、見栄や偏見による嘘、偽りの言葉が語られています。

その心ない言葉によってあなたの心が傷つかないように。

宇宙の愛の言葉をいつでも身にまとっていてください。

Amrita

「内なる宝物庫を見出す」

気持ちや感覚が敏感で繊細になっているときは
愛と光のあるものに　たくさん触れてごらん

やわらかな陽だまりの気持ちのいい空気
気のあう友達との　楽しいお喋り
やさしいおばあちゃんの笑顔や　無邪気な子供たちの笑い声
生きる喜びに満ち満ちた　動物たちの弾んだ動き
心のこもったおいしい食べ物
思わず笑っちゃうおかしな出来事

思い出せば見つかるささやかな幸せが　この世界にはたくさんあるよ

あなたの内側が　豊かな愛と光に潤えば

きっと　ほとんどのことは大丈夫って思えるよ

自分に駄目出しをしては　駄目
あたたかなユーモアをもって眺めよう

あなたに向かって開いている　たくさんの愛と光に
心を閉ざしてしまうことがないように　頭をやわらかくしておくこと

そうすればきっと　自分のなかにある豊かさに気づくことができるよ
それはずっと　あなたに見出されることを待っていた
決してなくならない　内なる宝物庫なのだから

「大波に乗って　楽しんでごらん」

くるくるまわる宇宙の渦の真んなかに座って
広げられるだけ　意識を広げてごらん
くるくるまわる宇宙に乗って　限りなく自由になってごらん
宇宙は　本当はもっと楽しいところなのだということを
実際に感じてごらん

大乗の波に乗って　透き通った心に
すべてを映して　生きることもできる
大乗の波が　すべてを洗い流し　溶かしていってくれる

限りなく大きなあなたは　もともとその大きな波に
乗っているのだと思ってごらん
その波は完全に安全に　波に乗っている存在すべてを至福に導いていく

大乗の波は　小さいあなたの傷を癒し空虚さを洗い流してくれるから
小さいあなたが　人生のドラマの荒波にすっかり打ちのめされているときでも
大きなあなたが　大乗の波の源にちゃんと存在していることを思い出せば
きっと不死鳥のように復活できる

大乗の波の渦の真んなかに座って　静かに意識を広げるだけで
大きな大きな愛の波があなたを乗せて
もっともっとすばらしい景色を　あなたに見せてくれる

あなたは　大乗の波に乗ってゆける祝福された存在なのだから
ただ　そこに乗ればいいんだよ

「天の河を超えていく」


十九歳の頃、頭のなかでいつも見えていた映像がある。

銀河の天の河を超えていくと、バラの香りのする真っ白の世界があって、そこに溶けてすべてと一つになり、完全な至福と安らぎに満ちる。

そして、そこは愛と永遠の星、金星なの。


私は、ここに来る前に、宇宙のお父さんとお母さんに、「みんなで天の河を超えていくので、見守っていてね」と言って、地球にやってきた気がしていた。

その頃は、どうやったらそうできるのかもまったくわからず、私は頭がおかしいのかなと思ったけど、どこかで、これは真実だって確信があった。

でも、そのときはあまりにも実現しそうにないので、きっと私は星を間違えて来たに違いないと思っていた。


でも、今こそそのときなんだって感じている。

ガイアに生きる私たちが、時間の概念を外すことによって天の河を超える。

そうしたら、愛と永遠の世界がやってくる。

天の河を超えるためには、無心に、心に制限を加えずに生きること。


ガイアの奥にはもともと完全なる愛があり、私たちがそうなるのを待っていてくれる。

ガイアの奥のクリスタルの部屋には無数の女神が隠れていて、あなたはあなたの女神に出会わないといけない。そうすることで、一人ひとりが完璧な本来の姿に戻る。

ガイアの奥から愛と光があふれ、私たち一人ひとりのなかから、宇宙にまで届くような愛と光が放たれはじめると、ガイアは天の河を超えて、愛の星金星に行ける。


純粋な愛になること。

それが、ガイアの奥のクリスタルの部屋を開け、あなたの女神に会うための鍵。

他のものでは絶対に繋がれない。

時間に縛られ、数に縛られていては、心の愛が、息できなくなる。

ハートの奥の純粋な愛で生き、みんなで天の河を超えていこう。

「アムリタ　アムリタ　アムリタ」

乳海攪拌《にゅうかいかくはん》。

アンコールワットの壁画彫刻に描《か》かれた物語。

永遠のいのち、不老不死の水アムリタを生み出すために、神々の計画のもと、創造神ビシュヌが指揮を執り、大亀クールマが海底で曼荼羅《まんだら》山を支え、大蛇ヴァーキスを縄にして、右と左で大綱引き。

神様側と悪者側に分かれて、千年間、乳の海をかき混ぜ続け、その渦からアムリタ（神様の飲み物）がつくられる。

若いときからずっと、宇宙のミルクが生み出される映像が見えていた。

これかあ。

ようするに、すべてはアムリタをつくるため。

世のなかのいろんな出来事も、理解不能な変な人たちも、みんな大綱引きに加わって、アムリタをつくっているんだね。

トラブルメーカーなあの人も、過去にあった悲惨な出来事もみんな、歓喜のミルクアムリタをつくるために、攪拌に参加していただけ。

真んなかではちゃんと、ビシュヌが指揮してくれている。

それなら、真んなかにいて、できあがるアムリタを飲み続けよう。

そうすれば、いつでも天国にいるのと同じだよ。

人は、上に行こう行こうとして、下に行っちゃうのだと思う。

バベルの塔で、より上に昇ろう昇ろうとして、地獄にいるのに気がつかない。

そんな塔からさっさと飛び降り、宇宙の真んなかにいて、穏やかな心でアムリタを飲み続ければ、ここが天国になるんだ。

いのちはいつだって蘇る。

時空を超えて攪拌され続ける乳海、その真んなかに立って、生み出されるアムリタを飲み続ける、新しき喜びの道。


上にも下にも、右にも左にも、善にも悪にも執着しない。

穏やかな微笑みのなかで、愛だけを感じていなさい。

「ごちそうさま」

今日は久しぶりにいい天気。仕事も入ってないし、カノンと午後のお散歩に出かけました。

平日にはめったに人が来ない近所の公園にお気に入りの木があって、簡単に登れて、木の上で昼寝できちゃうのだ。

木の枝に背中を乗せて、青い空を眺めて、すっごくいい気分。

そんなときに、カノンの「ごちそうさま」の声が。

「なあに？」と聞くと

「木の幹の皮がはがれてて、そのなかの匂いを嗅《か》いでいたら、すごくいい匂いがして、ごちそうさまって言っちゃった」らしい。

なんかいいいなあ。

生きてるってことをみんなが祝福しあえたらいいね。
あなたにごちそうさま。私にごちそうさま。
お互いのなかにある花の香りが嗅《か》げたら楽しいね。
もうすぐ春です。

Gochisosama

おわりに

五年前から書き溜めていた文章をまとめ、絵や写真を入れて本をつくりました。

絵はカノン、写真は私とカノンが撮ったものが混ざっています。

読んでくださり見てくださるみなさまの五感と七感にとって、おいしいものとなることを祈りつつ。

ヒロコ

参考文献

『ハワイアンリラックス』ポール・ピアソール著　徳間書店
『安らぎの戦士』ダン・ミルマン著　河出書房新社
『愛という奇跡　ニーム・カロリ・ババ物語』ラムダス著　パワナスタ出版
『心の治癒力』トゥルク・トンドゥップ著　地湧社
『時を超える聖伝説』ボブ・フィックス著　星雲社

アムリタ アムリタ アムリタ

2012年4月4日　初版第1刷発行

著　者　ヒロコ（文と写真）
　　　　カノン（絵と写真）
発行者　韮澤 潤一郎
発行所　株式会社 たま出版
　　　　〒160-0004　東京都新宿区四谷4-28-20
　　　　☎03-5369-3051（代表）
　　　　http://tamabook.com
　　　　振替　00130-5-94804
組版・印刷　株式会社 エーヴィスシステムズ

ISBN978-4-8127-0341-0 C0011

ヒロコ&カノン　コスミックでアナーキーなシングルマザーとその娘
http://www.geocities.jp/powerofheart_739